Prophet Muhammad

Friede sei mit ihm

Die zusammengefasste Geschichte von Gottes letztem und endgültigem Propheten von der Geburt bis zum Tod

VON The Sincere Seeker Collection

Inhaltsübersicht

Einführung in Gott, der uns Gesandte und Propheten schickt, und warum wir über den Propheten Muhammad, Friede sei mit ihm, lernen sollten

Wie könnte man seine Rolle und seinen Lebenszweck kennen, wenn man nicht klare und praktische Anweisungen darüber erhält, was Gott von ihm oder ihr will und erwartet? Hier kommt die Notwendigkeit des Prophetentums ins Spiel. Deshalb hat Gott der Menschheit Tausende von Gesandten und Propheten gesandt, um seine Botschaft zu übermitteln und mit uns zu kommunizieren. Jedes Volk der Erde erhielt einen Propheten. Sie alle verkündeten die gleiche allgemeine Botschaft, dass es nur eine Gottheit gibt, die es wert ist, angebetet zu werden. Er ist der eine und einzige Gott, ohne Partner, Sohn, Tochter oder Gleichgestellten. Gott sandte Gesandte und Propheten, um die Menschheit von der Anbetung der geschaffenen Wesen zur Anbetung ihres Schöpfers, des Schöpfers aller Dinge, zu führen. Die Propheten kamen, um ihr Volk zu lehren, wer ihr Schöpfer ist, wie man eine Beziehung zu ihm aufbaut und wie man ihn liebt. Die Propheten lehrten ihr Volk, dass das Leben nur eine Prüfung ist, bei der die Erfolgreichen auf ewig ins Paradies eingehen und die Erfolglosen die ultimative Strafe im Jenseits erleiden werden.

Aus der unendlichen Barmherzigkeit und Liebe Gottes sandte Gott immer wieder Gesandte mit Büchern von Gott, um die Menschheit zu leiten - angefangen beim Propheten Adam über Noah, Abraham, Ismael, Jakob, Moses, den Propheten Jesus und den Propheten Muhammad, Friede sei mit ihnen allen. Viele der Propheten finden sich in den jüdischen und christlichen Traditionen wieder. Alle früheren Gesandten und Bücher mit Ausnahme des Heiligen Koran und des Propheten Muhammad wurden nur zu einer bestimmten Gruppe von Menschen herabgesandt und sollten nur für einen bestimmten Zeitraum befolgt werden. Der Prophet Jesus, Friede sei mit ihm, war zum Beispiel einer der mächtigsten Gesandten Gottes, der mit derselben allgemeinen Botschaft wie alle früheren Propheten herabgesandt wurde, aber nur zu den Kindern Israels - dem Volk, das vor uns lebte - als ihr letzter Prophet gesandt wurde, weil sie den Geboten Gottes nicht gehorchten und von den Gesetzen abwichen, die der vorherige Gesandte Moses, Friede sei mit ihm, überliefert hatte.

Wann immer Gott Boten mit Offenbarungen schickte, entstellten und veränderten die Menschen die Offenbarungen Gottes, nachdem sie gegangen waren. Was reine Offenbarung Gottes war, wurde mit Mythen, Menschenworten, Aberglauben, irrationalen philosophischen Ideologien und Götzenanbetung verunreinigt. Die Religion Gottes ging in einer Fülle von Religionen unter. So wurde der Prophet Jesus, Friede sei mit ihm, gesandt, um die Botschaft zu reformieren, die der vorherige Gesandte, Moses, Friede sei mit ihm, vor ihm verkündet hatte. Der Prophet Muhammad kam, um die Botschaft des Propheten Jesus zu reformieren, da sie von seinen Anhängern entstellt wurde und in ihrer ursprünglichen Form nicht überlebt hat.

Als sich die Menschheit in den Tiefen des finsteren Zeitalters befand, sandte Gott, der Allmächtige, seinen letzten und endgültigen Gesandten zur Menschheit, den Propheten Muhammad, Friede sei mit ihm, und seine letzte Offenbarung, den Heiligen Koran, um die Menschheit zu erlösen. Der Heilige Koran und der letzte Gesandte, Friede sei mit ihm, bestätigten alles, was allen früheren Gesandten in der Vergangenheit offenbart worden war. Im

2

Gegensatz zu den früheren Gesandten und Büchern wurde der Prophet Muhammad, Friede sei mit ihm, zur gesamten Menschheit gesandt, und es wird keinen Gesandten oder Propheten nach ihm geben, noch wird es ein Buch nach dem Heiligen Koran geben, da beide dazu bestimmt sind, von allen Menschen befolgt zu werden, nicht nur von einer bestimmten Gruppe von Menschen, noch sind sie für einen bestimmten Zeitrahmen bestimmt; beide sind dazu bestimmt, von allen Menschen bis zum Ende der Zeit befolgt zu werden.

Prophet Muhammad - Eine zusammengefasste Geschichte von Gottes letztem und endgültigem Propheten zielt darauf ab, den Propheten Muhammad, Friede sei mit ihm, auf der Grundlage früher islamischer Quellen vorzustellen und Ihnen zu helfen, besser zu verstehen, wer der Prophet Muhammad, Friede sei mit ihm, war und eine Liebe für ihn zu entwickeln. Das Studium der Geschichte und des Lebens des Propheten Muhammad, Friede sei mit ihm, ist der beste Weg, diese Liebe für unseren Propheten zu entwickeln. Das Studium des Lebens des Propheten Muhammad, Friede sei mit ihm, ist eine Verpflichtung, die uns von unserem Schöpfer gegeben wurde, und hilft uns, Gottes letztes Buch, den Heiligen Koran, und seinen Kontext besser zu verstehen. Wir studieren das Leben unseres letzten Propheten, um aus seinem Leben Lehren und Moral abzuleiten, die uns helfen, unser Leben besser zu leben. Gott sandte ihn als perfektes Vorbild für uns, das Moral und die höchste Form von Charakter lehrte und vorlebte, die man haben kann. Wir lernen über ihn, damit wir ihm folgen und ihm nacheifern können, um uns zu verbessern und Gott näher zu kommen.

Um Gott, seiner Religion und Ihnen selbst gegenüber fair zu sein, sollten Sie sich Ihre Meinung über den Islam, den Heiligen Koran und den Propheten Muhammad, Friede sei mit ihm, erst nach einem sorgfältigen Studium der islamischen Quellen - dem Heiligen Koran und den Hadithen, den Aussprüchen des Propheten Muhammad, Friede sei mit ihm - bilden, und nicht aus den Medien oder Quellen Dritter, die nicht-muslimischen Ursprungs sind.

Das Land Mekka ist voll von Götzen und Götzenanbetung

Der Prophet Muhammad, Friede sei mit ihm, wurde in Mekka im Jahr des Elefanten geboren. In Mekka befindet sich die Kaaba, das erste Gotteshaus der Erde, das vom Propheten Abraham und seinem Sohn Ismael, Friede sei mit ihnen, erbaut wurde. Als sie beide die Kaaba bauten, sprach Prophet Abraham, Friede sei mit ihm, ein Gebet zu Gott, dass Er einen Propheten in die Nachkommenschaft seines Sohnes Ismael schickt, der ihnen Gottes Zeichen (Verse) vorträgt und sie das Buch und die Weisheit lehrt und sie reinigt. Dieses Gebet wurde erfüllt, als Gott den Propheten Muhammad, Friede sei mit ihm, als seinen letzten und endgültigen Gesandten sandte, der aus der Nachkommenschaft seines Sohnes Ismael, Friede sei mit ihm, stammte.

Bevor der Prophet Muhammad zum Propheten wurde, verehrten viele Menschen in Mekka Götzen und glaubten, dass Götzen die Macht hätten, für sie einzutreten. Es war eine Zeit voller Unwissenheit, Dummheit und Irreführung. Arabien war damals ein rückständiges Land, das weder über eine Infrastruktur, Denkmäler, eine große Zivilisation noch über eine einheitliche Regierung oder Recht und Ordnung verfügte. Es gab auch keine schriftliche Literatur, und viele konnten weder lesen noch schreiben. Sie hatten die Kaaba, die dem einzig wahren Gott, Allah, dem Glorreichen, geweiht und zu dessen Ehren erbaut worden war, in einen Ort der Götzenanbetung verwandelt.

6

Engel Gabriel spaltet die Brust des Propheten Mohammed auf und wäscht sein Herz

Ser Vater des Propheten Muhammad starb noch vor seiner Geburt, und er wurde von seiner Mutter aufgezogen. Damals war es üblich, dass Araber, die in Städten lebten, ihre Jungen für einige Jahre in die Wüste zu einer Amme und einem Beduinenstamm schickten, damit sie in dem rauen Klima stärker und gesünder wurden, die Sitten der Wüste kennenlernten und von ihren Umgangsformen lernten, und es bedeutete eine Rückkehr zu ihren Wurzeln. Ursprünglich wollte niemand den Propheten Muhammad, Friede sei mit ihm, als Kind zum Säugen nehmen, denn er war ein Waisenkind, und sie hätten nicht viel Geld von ihm bekommen. Die Mutter des Propheten Muhammad, Aminah, schickte ihr Kind schließlich zu einer armen Frau namens Halima und ihrem Mann, um ein paar Jahre in der Wüste zu verbringen. Sobald sie den Propheten Muhammad, Friede sei mit ihm, als Kind zu sich holten, begannen sie, Wunder um sich herum zu sehen. Ihre alte Ziege, die vor einiger Zeit aufgehört hatte zu produzieren, begann wieder Milch zu geben, und ihr Kamel, das schwach und langsam war, gewann an Kraft und Geschwindigkeit.

Während der Prophet Muhammad, Friede sei mit ihm, mit seinen Ziehbrüdern spielte, kam der Engel Gabriel in Menschengestalt herab. Die anderen Kinder sahen ihn und rannten schreiend vor Angst zu Halima und ihrem Mann, weil sie dachten, Prophet Muhammad würde entführt werden. Prophet Muhammad war zu diesem Zeitpunkt etwa vier Jahre alt und hatte Angst, schrie aber nicht. Engel Gabriel zwang ihn zu Boden, während Prophet Muhammad versuchte, sich loszureißen, aber Engel Gabriel überwältigte ihn. Engel Gabriel zog ein goldenes Gerät mit einer goldenen Schale hervor, die mit Zam-Zam-Wasser gefüllt war, und begann, seine Brust aufzuschneiden und sein Herz herauszunehmen, um es zu waschen. Engel Gabriel nahm ein schwarzes Blutgerinnsel heraus und warf es weg, indem er sagte: *'Das ist der Anteil von Shaytan (dem Teufel).* Er nahm die Wurzel aller Sünden heraus und befreite den Propheten Muhammad von bösen Einflüssen, denn Allah, der Herrliche, wollte den Propheten Muhammad vor Shaytan (dem Teufel) und den Sünden schützen. Dann nähte er ihn wieder zu.

Halima und ihr Mann eilten zum Propheten Muhammad, dessen Gesicht vor Angst blass war. Halimas Mann tröstete ihn mit einer Umarmung und nahm ihn zur Ruhe. Sie erkannten, dass dieser Junge etwas Besonderes war, und beschlossen, dass es das Beste sei, ihn zu seiner Mutter Aminah nach Mekka zurückzubringen. Er lebte eine kurze Zeit bei ihr, doch dann verstarb sie leider an einer Krankheit auf dem Rückweg von der Stadt Yathrib, die später Medina genannt wurde.

Sein liebevoller Großvater Abdul Muttalib zog ihn schließlich 2 Jahre lang auf. Er liebte den Propheten Muhammad mehr als seine eigenen Kinder. Prophet Muhammad, Friede sei mit ihm, beobachtete und lernte von seinem Großvater, wie es sein würde, der Anführer der Araber zu sein, denn sein Großvater war der angesehenste und ranghöchste Statthalter der Quraisch, des herrschenden Stammes und der Verwalter von Mekka.

Im Alter von 8 Jahren verstarb der Großvater des Propheten Muhammad, und die Verantwortung für den Propheten Muhammad wurde an seinen Onkel Abu Talib weitergegeben, der der Bruder des Vaters des Propheten Muhammad war. Auch sein Onkel liebte ihn und zog ihn seinen Kindern vor. Das Waisendasein lehrte Prophet Muhammad Weisheit und ließ ihn schnell reifen, und er lernte, unabhängig zu sein. Er erfuhr und lernte aus seinen frühen Nöten, und dies half ihm, das harte Leben und die Kämpfe zu ertragen, die er später durchmachen sollte.

Die Heirat des Propheten Muhammad mit seiner Frau Chadidscha, Friede sei mit ihr

Als junger Mann arbeitete der Prophet Muhammad als Schafhirte für die Menschen in Mekka, was ihm einen kleinen Lohn einbrachte, genau wie früheren Propheten, die zu ihrer Zeit Hirten waren. Die Arbeit als Schafhirte lehrte den Propheten Muhammad die Kunst der Geduld und den Umgang mit Schafen mit unterschiedlichen Persönlichkeiten, was einem zukünftigen Führer helfen würde, mit Menschen mit unterschiedlichen Persönlichkeiten umzugehen. Der Prophet Muhammad, Friede sei mit ihm, wuchs nicht wie viele andere mit dem Konsum von Alkohol und anderen für die Seele oder den Körper schädlichen Dingen auf, und er betete auch keine Götzen an. Er wuchs auf und erwarb sich einen Ruf als ehrlicher und vertrauenswürdiger Mensch. In seinen frühen Zwanzigern wurde er aufgrund seiner Reife und seines Charakters eingeladen, mit den Stammesführern an der gesetzgebenden Körperschaft des Stammes teilzunehmen. Er arbeitete weiterhin als Hirte für weitere Menschen.

Khadidscha, Friede sei mit ihr, war die reichste Geschäftsfrau in Mekka, die von ihrem verstorbenen Mann viel Geld geerbt hatte. Sie war bekannt für ihre Reinheit, ihren Adel, ihre Weisheit und ihr Vermögen. Ihre Schwester besaß eine Kamelherde und stellte den Propheten Muhammad zusammen mit einer anderen Person ein. Als die Arbeit beendet war, sagte die andere Person, die zusammen mit Prophet Muhammad angeheuert worden war, zu Prophet Muhammad, dass sie ihren Lohn für die Arbeit abholen sollten. Prophet Muhammad fragte ihn, ob er allein gehen könne, weil er zu schüchtern sei. Khadidscha hörte, wie ihre Schwester den Propheten Muhammad für seinen Edelmut, seine Integrität, seine

9

Freundlichkeit, seine guten Manieren, seine Schüchternheit und andere gute Eigenschaften lobte.

Da Khadijah, Friede sei mit ihr, eine Frau war, konnte sie sich nicht persönlich an Transaktionen und Geschäften beteiligen und investierte stattdessen in Geschäftspartnerschaften, die nach Syrien und in den Jemen gingen, indem sie Männer schickte, die in ihrem Namen gingen und ihnen einen Teil des Gewinns bezahlten. Allerdings erhielt sie oft weniger Gewinn, als ihr zustand, weil die Männer, die sie anheuerte, einen Teil des Gewinns einsteckten. Sie beschloss, den Propheten Muhammad damit zu beauftragen, ihre Waren nach Syrien zu bringen, obwohl er noch unerfahren war. Bevor er den Auftrag annahm, bat er seinen Onkel um Erlaubnis, und der sagte ja. Als Prophet Muhammad nach Mekka zurückkehrte, bemerkte sie, dass sie dreimal so viel Gewinn und Segen erhielt wie zuvor. Sie war sehr beeindruckt von seinem Charakter und seiner Handlungsweise.

Der Prophet Muhammad, Friede sei mit ihm, war bekannt für seine Ehrlichkeit, Zuverlässigkeit, Bescheidenheit und seinen guten Charakter, auch wenn dies zu jener Zeit in Mekka selten zu finden war. Er war in seiner Gemeinschaft als *"der Wahrhaftige, der Vertrauenswürdige"* bekannt und genoss das Vertrauen aller in seiner Gemeinschaft, selbst derer, die ihn nicht mochten.

Khadidscha, Friede sei mit ihr, war zweimal verwitwet, und viele Männer aus ihrem Stamm hatten ihr Heiratsanträge gemacht, doch sie nahm keinen davon an, und sie dachte auch nicht daran, wieder zu heiraten. Khadidschas älterer Freund wandte sich an Prophet Muhammad und deutete an, dass Khadidscha an einer Heirat mit ihm interessiert sei. Khadidscha war älter als Prophet Muhammad, und Prophet Muhammad war etwa 25 Jahre alt. Prophet Muhammad war daran interessiert, Khadidscha zu heiraten, und bat seinen Onkel um Erlaubnis, der dies aufgrund des Charakters von Khadidscha für eine gute Idee hielt. Die beiden führten eine wunderschöne Ehe voller Liebe und Verständnis. Khadidscha unterstützte den Propheten Muhammad in seinen schweren Jahren.

Sie hatten sechs gemeinsame Kinder, drei Söhne und drei Töchter. Alle männlichen Kinder starben im Kindesalter.

Seine Frau Khadijah, Friede sei mit ihr, schenkte dem Propheten Muhammad einen jungen Diener namens Zaid, der als Gefangener nach Mekka gebracht und an Khadijah, Friede sei mit ihr, verkauft worden war.

Als Zaids Vater hörte, dass sein Sohn Zaid im Besitz des Propheten Muhammad war, reiste er nach Mekka, um dem Propheten Muhammad eine große Summe für seinen Sohn anzubieten. Prophet Muhammad, Friede sei mit ihm, sagte Zaids Vater, dass er ihn umsonst mitnehmen könne, wenn Zaid sich bereit erkläre, mit ihm zurückzugehen. Zaid entschied sich, bei Prophet Muhammad zu bleiben, weil sie sich so sehr liebten, und er behandelte ihn wie seinen eigenen Sohn. Sobald der Prophet Muhammad, Friede sei mit ihm, hörte, dass Zaid bleiben wollte, nahm er ihn bei der Hand, ging zum schwarzen Stein der Kaaba und verkündete öffentlich, dass er Zaid adoptiert hatte. Zaids Vater reiste zurück nach Hause, zufrieden, dass sein Sohn in guten Händen und glücklich war.

Wiederaufbau der Kaaba nach der Sintflut

Am Alter von 35 Jahren zerstörte eine Flut die Kaaba und sie musste wieder aufgebaut werden. Jeder Stamm in Mekka war für den Wiederaufbau eines Teils der Kaaba verantwortlich. Der Schwarze Stein, ein heiliger Gegenstand, der aus dem Paradies in die Kaaba gesandt worden war, wurde für die Renovierung entfernt und musste wieder in die Kaaba eingesetzt werden. Die Anführer von Mekka stritten fünf Tage lang, und es wurde fast Blut vergossen, um zu entscheiden, welchem Clan die Ehre zuteil werden sollte, den Schwarzen Stein wieder an seinem ursprünglichen Platz aufzustellen. Sie kamen zu dem Schluss, dass der nächste Mann, der die Kaaba betrat, entscheiden würde, wer den Schwarzen Stein an seinen ursprünglichen Platz zurückbringen würde.

Es stellte sich heraus, dass diese Person der Prophet Muhammad, Friede sei mit ihm, war. Anstatt eine bestimmte Person oder einen bestimmten Clan auszuwählen, um den Schwarzen Stein wieder an seinen ursprünglichen Platz zu setzen, bat Prophet Muhammad, Friede sei mit ihm, um ein Tuch, in das er den Schwarzen Stein in die Mitte legte, und ließ den Anführer jedes Clans eine Ecke des Tuchs halten und es gemeinsam zur Kaaba zurücktragen. Dann setzte der Prophet Muhammad, Friede sei mit ihm, den hinteren Stein mit seinen beiden Händen an seinen ursprünglichen Platz, und alle Clans waren zufrieden.

Dies demonstrierte und symbolisierte die Zukunft des Propheten Muhammad, Friede sei mit ihm, und wie er bald die arabischen Stämme unter dem Banner des Islam vereinen würde, so wie er sie in diesem Moment ohne Konflikte oder Blutvergießen vereinte. Es zeigte und symbolisierte auch, dass der Prophet Muhammad, Friede sei mit ihm, derjenige sein würde, der die Religion des Propheten Abraham, Friede sei mit ihm, vereinigen würde, nachdem sie zerstört wurde.

13

14

Engel Gabriel kommt auf den Propheten Mohammed herab, um ihm die ersten Verse des Heiligen Koran zu offenbaren

Wenn der Prophet Muhammad, Friede sei mit ihm, spazieren ging, hörte er, wie Felsen und Steine ihn grüßten. Prophet Muhammad, Friede sei mit ihm, sah auch angenehme Träume, die sich beim Erwachen als wahr erwiesen. Der Prophet Muhammad, Friede sei mit ihm, hatte die Angewohnheit, sich in eine Höhle namens Hira zurückzuziehen, weil er das Gefühl hatte, dass etwas in seinem Leben fehlte, und er wusste nicht, was es war. Obwohl er eine gute Frau und Kinder, ein gutes Leben und einen guten Status in der Gesellschaft hatte, fühlte er, dass etwas fehlte. Er wusste, dass dies allein nicht glücklich macht. Er ging in die Höhle Hira, um über das Leben, das Universum und die Welt nachzudenken. Er meditierte, grübelte, dachte tief nach und fragte sich, wie er Allah verehren könnte.

Als der Prophet Muhammad, Friede sei mit ihm, 40 Jahre alt war, erschreckte der Engel Gabriel den Propheten Muhammad in der Höhle und verlangte von ihm, dass er liest, obwohl er weder lesen noch schreiben konnte. Prophet Muhammad, Friede sei mit ihm, antwortete: *"Ich kann nicht lesen.* Daraufhin drückte Engel Gabriel den Propheten Muhammad so fest an sich, dass er seine ganze Kraft verlor. Engel Gabriel wiederholte die Bitte noch zwei weitere Male, worauf Prophet Muhammad die gleiche Antwort gab. Engel Gabriel umklammerte Prophet Muhammad mit überwältigender Kraft und ließ ihn dann wieder los. Dann wurde dem Propheten Muhammad durch Engel Gabriel die erste Rezitation des Heiligen Quran offenbart: *"Rezitiere im Namen deines Herrn, der den Menschen aus einer anhaftenden Substanz erschaffen hat. Rezitiere, und dein*

Herr ist der Großzügigste, der durch die Feder lehrte und den Menschen das lehrte, was er nicht wusste. " (Koran 96:1-5) Dies war der Beginn der ersten Offenbarung Allahs, die durch den Engel Gabriel an die Menschheit gesandt wurde und bis zum Ende der Zeiten gelten sollte.

Der Prophet Muhammad eilte voller Angst nach Hause zu seiner ihn unterstützenden Frau und bat sie, ihn zu bedecken. Sie bedeckte ihn schnell mit einem Mantel. Als sich Prophet Muhammad etwas beruhigt hatte, erzählte er ihr, was geschehen war und dass er Angst hatte. Sie antwortete und tröstete ihren Mann mit der folgenden Aussage: *"Gott wird dich niemals demütigen, denn du bist gut zu deiner Familie, nimmst die Last anderer auf dich und hilfst den Bedürftigen!*

Dann bringt Khadijah den Propheten Muhammad zu ihrem Cousin Waraqah, einem damaligen Bibelgelehrten, und erzählt ihm, was geschehen ist. Er erkannte daraufhin, dass der Prophet Muhammad der erwartete Prophet ist, den das Evangelium prophezeite, und schloss daraus, dass derjenige, der den Propheten Muhammad besuchte, tatsächlich der Engel Gabriel war.

Der Prophet Muhammad empfing für den Rest seines Lebens weitere Offenbarungen. Diese Offenbarungen wurden von den Gefährten des Propheten auswendig gelernt und niedergeschrieben und später zu dem Heiligen Koran zusammengestellt, den wir heute haben.

Der Prophet Muhammad verbreitet und predigt den Islam erst privat, dann öffentlich

Der Prophet Muhammad, Friede sei mit ihm, ging spazieren und hörte ein Geräusch. Er schaute zum Himmel hinauf und sah den Engel Gabriel auf einem Thron im Himmel und auf der Erde sitzen. Der Prophet Muhammad erschrak erneut und eilte nach Hause zu seiner Frau und bat sie, ihn zuzudecken. Da offenbarte Engel Gabriel die zweite Offenbarung des Heiligen Quran: *"O du, der du dich bedeckst, erhebe dich und warne, und verherrliche deinen Herrn, und reinige deine Kleidung, und vermeide Unreinheit, und gewähre keine Gunst, um mehr zu erwerben, sondern sei geduldig für deinen Herrn"* *(Koran 74:1-7).*

In den ersten drei Jahren verbreitete der Prophet Muhammad die Botschaft des Islams unter vier Augen in seiner Familie und unter seinen Freunden, von denen er annahm, dass sie sich für den Islam interessieren würden, und befreite sie von den Praktiken ihrer Vorväter und der Anbetung falscher Götter. Der Prophet Muhammad, Friede sei mit ihm, lehrte und predigte, dass es nur einen wahren Gott gibt, der es verdient, angebetet und gepriesen zu werden, und dass alle anderen Götter, einschließlich der Götzen, falsch sind und nur Schöpfungen Gottes sind, nicht der eigentliche Schöpfer selbst. Er lehrte sie, dass derjenige, der an Gott glaubt und ein rechtschaffenes Leben führt, in dieser Welt ein gutes Leben führen und im Jenseits das Paradies erhalten wird, in dem er ewig leben wird. Er warnte auch diejenigen, die nicht an Gott glauben, dass sie in dieser Welt ein schlechtes Leben führen und in der nächsten Welt schwer bestraft werden würden.

Die erste Person, die die Botschaft des Islam annahm, war seine Frau Khadija und ihre Cousine Waraqah. Der erste Sklave, der konvertierte, war Zaid, das erste Kind, das konvertierte, war sein Cousin Ali bin Abi Talib, und der erste freie Erwachsene, der konvertierte, war sein bester Freund Abu Bakr As-Siddiq, Friede sei mit ihnen allen.

Nachdem er drei Jahre lang im Geheimen darum gekämpft hatte, den Islam bei seinen engsten Gefährten zu verbreiten, bekehrte der Prophet Muhammad 30 Menschen. Dann beauftragte Gott den Propheten Muhammad, die Botschaft des Islam in der Öffentlichkeit bekannt zu machen und zu verbreiten und sich gegen Götzendienst und die Anbetung falscher Götter bei den Menschen in Mekka auszusprechen, um dann später die Botschaft über Mekka hinaus zu verbreiten. Khadidscha, Friede sei mit ihr, unterstützte den Aufstieg des Islam mit ihrem Reichtum, indem sie die Muslime mit Nahrung, Wasser und Medizin versorgte.

Die Götzenanbeter von Mekka verfolgen und schikanieren die Gläubigen

P Der Prophet Muhammad und seine ersten Anhänger, Friede sei mit ihnen, wurden von den Götzenanbetern ihres Stammes, der Quraishi in Mekka, verfolgt und schikaniert. Die Götzenanbeter erniedrigten sie, verspotteten sie und machten sie lächerlich. Sie nannten den Propheten Muhammad einen Verrückten, einen Lügner, einen Zauberer, einen Magier und einen, der von einem Dschinn besessen ist. Sie würden den Propheten Muhammad und die Muslime daran hindern, in Allahs Heiligem Haus, der Kaaba, zu beten, und sie würden sie beim Beten mit Schmutz und Dreck bedecken.

Sie konnten den Propheten Muhammad nicht persönlich töten, da er der Enkel von Abdul Muttalib war, der zur Elite des Stammes der Banu Hashim gehörte, und es war ein strenger Brauch und ein Gesetz der Banu Hashim, edles Blut zu schützen.

Trotz all des Spottes fuhr der Prophet Muhammad fort, den Arabern von Mekka die Botschaft des Islam auf sanfte Art und Weise zu predigen und zu lehren. Er warnte sie, dass sie, wenn sie weiterhin andere Götter neben Allah anbeten und nicht dem Weg Allahs folgen würden, eine ernste Strafe zu erwarten hätten, wie es die früheren Völker taten, die ebenfalls Allah und seinen Gesandten ungehorsam waren.

Die Götzenanbeter von Mekka sagten zum Propheten Muhammad: "Wenn du wirklich ein Prophet Gottes bist, warum spaltest du dann nicht den Mond in zwei Hälften, um zu beweisen, dass du ein Prophet bist? Der Prophet Muhammad, Friede sei mit ihm, antwortete: Wenn ich dies mit dem Willen Gottes tue, werdet ihr dann glauben, dass ich ein Prophet bin? Sie antworteten: Ja! Daraufhin zeigte der Prophet Muhammad auf den Mond, und vor ihren Augen teilte sich der Mond in zwei Hälften. Doch die Götzenanbeter von Mekka wandten sich arrogant ab und sagten, er habe sie für die Wahrheit geblendet und ihre Augen verhext.

Als die kleine Zahl der Muslime zu wachsen begann, wurden die Götzenanbeter von Quraisch alarmiert und befürchteten, dass ihre Macht und ihr Ansehen in Gefahr waren. Sie waren die Hüter der Götzen in Mekka und erhielten Geld von ihnen, was nun ebenfalls in Gefahr war, da der Prophet Muhammad und die Muslime predigten, sie zu entfernen. Die Ungläubigen boten dem Propheten Muhammad Geld, Ehre und einen hohen Rang als Anführer an, um ihn von der Verbreitung des Islam abzuhalten, was er natürlich ablehnte. Er war an all dem nicht interessiert und wollte nur Allahs Botschaft unter den Menschen verbreiten.

Das Volk der Quraisch plante eine groß angelegte Oppositionskampagne, um das Wachstum der Muslime zu verhindern. Sie folterten ihre Familienmitglieder, die den Islam als ihre Religion und Lebensweise annahmen.

Als die Verfolgung durch das Volk der Quraisch immer schlimmer und unerträglicher wurde, beschlossen einige Muslime, nach Abessinien (Äthiopien) auszuwandern, um im Königreich des christlichen Königs von Abessinien Zuflucht zu suchen, der ein gerechter und rechtschaffener König war, der die Muslime willkommen heißen würde. Dies wurde als die erste Hidschra (Wanderung) der Muslime bekannt. Später schlossen sich ihnen weitere Muslime an, die bedrängt wurden.

Die Götzenanbeter von Mekka werfen sich vor Allah nieder

Im Ramadan rezitierte der Prophet Muhammad die Sure An-Najm (Das Kapitel über den Stern) aus dem Heiligen Koran vor einer Versammlung, zu der auch einige der hochrangigen Götzenanbeter vom Stamm der Quraisch in Mekka gehörten. Die Ehrfurcht einflößenden Worte Allahs berührten die Herzen der Zuhörer, und die Ungläubigen waren von ihren Gefühlen überwältigt und konnten nicht anders, als sich unbewusst niederzuwerfen. Die Götzenanbeter, die nicht anwesend waren, wurden wütend, als sie hörten, was geschehen war. Die Götzenanbeter, die sich niederwarfen, erfanden Lügen über das, was geschehen war, um zu rechtfertigen, warum sie sich niederwarfen.

Die Nachricht von diesem Vorfall wurde stark übertrieben und den Muslimen, die nach Abessinien auswanderten, falsch berichtet, so dass sie glaubten, die Götzenanbeter von Mekka hätten den Islam angenommen, so dass sie sich auf den Weg zurück nach Mekka machten. Als die Muslime sich Mekka näherten, fanden sie heraus, dass dieses Gerücht nicht stimmte. Als sie in Mekka ankamen, reisten einige der Muslime zurück nach Abessinien. Es war schwieriger für sie, wieder nach Abessinien zu fliehen, da die Götzenanbeter nun aufmerksamer waren. Diesmal war die Zahl der Muslime, die nach Abessinien auswanderten, viermal so hoch wie bei der ersten Wanderung.

Einige der großen Namen von Mekka nahmen den Islam an, darunter Umar ibn Al-Khattab und Hamza ibn Abdul-Muttalib, der Onkel des Propheten, Friede sei mit ihnen beiden. Da die Zahl der Muslime wuchs und einige große Namen zum Islam konvertierten, erschreckte dies die Götzenanbeter von Mekka. Nach vielen Versuchen, den Propheten Muhammad und die Gläubigen daran zu hindern, den Islam zu verbreiten, und nach einigen Versuchen, den Onkel des Propheten, Abu Talib, der den Propheten erzogen hatte und einen hohen Rang im Stamm innehatte, davon zu überzeugen, seinem Neffen zu sagen, er solle aufhören, griffen die Ungläubigen auf ihre alten Methoden zurück, die Muslime zu verfolgen und zu foltern, und zwar auf eine noch schlimmere Weise als beim ersten Mal.

Die Götzenanbeter von Mekka hielten eine Versammlung ab und beschlossen, keinen der Muslime in eine Heirat zu verwickeln und mit keinem von ihnen Geschäfte zu machen, auch nicht mit Abu Talib, dem Onkel des Propheten, obwohl er den Islam nicht angenommen hatte - einfach weil er nicht damit einverstanden war, den Propheten Muhammad, Friede sei mit ihm, aufzuhalten. Die Muslime mussten wegen des Boykotts für einige Jahre in ein verlassenes Tal fliehen, da die Götzenanbeter von Quraisch ihnen weder Nahrung, Wasser noch Kleidung verkaufen wollten. Als sie in das verlassene Tal zogen, hatten sie nicht viele Ressourcen, was nicht einfach war. Später gelang es ihnen, nach Mekka zurückzukehren.

Das Jahr des Kummers

Im darauffolgenden Jahr wurde der Prophet Muhammad innerhalb von zwei Monaten von zwei aufeinander folgenden Unglücken heimgesucht. Prophet Muhammads geliebter Onkel Abu Talib, der ihn gegen seine Feinde beschützt hatte, fühlte sich krank und war dem Tod nahe. Als Abu Talib im Begriff war zu sterben, betrat Prophet Muhammad das Zimmer, während Abu Jahl, der Feind des Islam, mit einem anderen anwesend war. Der Prophet Muhammad sagte zu seinem Onkel Abu Talib: '*O mein Onkel, sage, dass es keine Gottheit gibt, die es wert ist, angebetet zu werden, außer Allah!*' Abu Talib wollte es sagen, aber jedes Mal, wenn er es sagen wollte, sagte Abu Jahl: "Willst du *die Religion deines Vaters verlassen?* Später starb Abu Talib leider, ohne zum Islam übergetreten zu sein.

Etwa vierzig Tage danach starb auch die Frau des Propheten, Khadidscha, Friede sei mit ihr, die eine große Stütze für ihn war. Es war bekannt als das Jahr des Kummers, ein sehr hartes und trauriges Jahr für den Propheten, Friede sei mit ihm. Der Prophet Muhammad wurde monatelang nicht lächelnd gesehen.

Später reisten der Prophet Muhammad und sein Adoptivsohn Zaid in eine Stadt namens Taif, um die Botschaft des Islam zu verbreiten und Schutz und Unterstützung in einer anderen Stadt zu finden - nur um dort respektlos behandelt und abgewiesen zu werden. Sie wurden auch mit Steinen beworfen, die sie blutig zurückließen, und dann wurden sie aufgefordert, nach Mekka zurückzukehren. Es war der schwierigste Tag im Leben des Propheten Muhammad.

Der Prophet Muhammad musste zum Schutz in eine andere Stadt ziehen. Er wandte sich heimlich an verschiedene Stämme in den Außenbezirken von Mekka, um die Botschaft Allahs zu verbreiten und einen Stamm zu finden, der ihn in seinem Land aufnehmen und unterstützen würde. Der Prophet Muhammad wandte sich an fünf

Menschen aus der Stadt Yathrib (die später Medina genannt wurde) und überbrachte ihnen die Botschaft Gottes. Sie kehrten in ihre Stadt zurück und verbreiteten in ihrem Volk die Nachricht, dass unter den Arabern ein Prophet aufgetaucht war, der sie zu Gott rufen und der Anbetung ihrer falschen Götter ein Ende setzen sollte. Später schloss der Prophet Muhammad einen Ehevertrag mit Aischa, Friede sei mit ihr.

Die nächtliche Reise und die Himmelfahrt des Propheten Mohammed

Im zwölften Jahr der Mission des Propheten Muhammad stieg Engel Gabriel zum Propheten Muhammad herab und öffnete noch einmal seine Brust, um sein Herz zu entfernen und es zu waschen - um ihn für das zu stärken, was er sehen und erleben sollte, bekannt als die nächtliche Reise und Himmelfahrt (Isra wal Miraj auf Arabisch). Der Prophet Muhammad, Friede sei mit ihm, unternahm in Begleitung des Erzengels Gabriel eine nächtliche Reise von der Masjid Al-Haram in Mekka zur Masjid Al-Aqsa in Jerusalem, und zwar auf einem schnellen, reinweißen Tier namens Al-Buraq. Als sie ihr Ziel erreichten, banden sie das Tier an einen Ring am Tor der Moschee. Der Prophet Muhammad verrichtete zwei Gebetseinheiten, drehte sich um und fand alle Propheten hinter sich. Er führte die Propheten im Gebet an.

Nachdem sie die Masjid Al-Aqsa besucht hatten, stiegen sie physisch in den Himmel auf. Engel Gabriel ritt mit dem Propheten Muhammad auf demselben Pferd, bis sie den ersten Himmel erreichten. Als sie das Tor erreichten, fragte der Schutzengel: *"Wer ist da?* Engel Gabriel antwortete: *'Ich bin es, Gabriel.* Dann fragte die Stimme: *'Mit wem bist du zusammen?'* Daraufhin antwortete Engel Gabriel: *"Muhammad.* Die Stimme fragte: *'Wurde Muhammad gerufen?'* Engel Gabriel antwortete: *'Ja.'* Die Stimme antwortete: *'Dann ist er willkommen, was für ein hervorragender Besuch das ist!'* Dann öffnete sich das Tor. Der Prophet Muhammad sah dort den Propheten Adam im ersten Himmel. Engel Gabriel stellte Prophet Adam dem Propheten Muhammad, Friede sei mit ihnen beiden, vor. *Dies ist dein Vater, Adam, grüße ihn"*, sagte Engel Gabriel zu Prophet Muhammad. Der Prophet Muhammad grüßte den Propheten Adam. Prophet Adam antwortete mit einem

Gruß und sagte: "*Du bist willkommen, o frommer Sohn und frommer Prophet.*

Dann stiegen Engel Gabriel und der Prophet Muhammad in den zweiten Himmel auf, dann in den dritten und dann in den vierten, fünften, sechsten und siebten Himmel, wo sie andere Propheten Gottes sahen und begrüßten, darunter den Propheten Johannes (Yahya) und Jesus (Isa), Joseph, Henoch (Idris) und Aaron (Harun), Moses und Abraham, Friede sei mit ihnen allen.

Dann wurde der Prophet Muhammad zu Sidrat-al-Muntaha getragen, dem entferntesten Lote-Baum, dessen Früchte wie Krüge sind und dessen Blätter so groß wie Elefantenohren sind. Ihm wurde auch Al-Bait-al-Ma'mûr (Das vielbesuchte Haus) gezeigt, das sich oberhalb der Ka'ba im siebten Himmel befindet, wo eine Gruppe von 70.000 Engeln es umkreist, es verlässt und nie wieder zurückkehrt, gefolgt von der nächsten Gruppe von 70.000 Engeln, und so wird es bis zum Tag des Jüngsten Gerichts bleiben. Der Prophet Muhammad, Friede sei mit ihm, wurde dann der göttlichen Gegenwart Allahs, des Glorreichen, vorgestellt, wo Allah uns die fünf täglichen Gebete auferlegte. Als der Prophet Muhammad, Friede sei mit ihm, zurückkehrte, glaubten einige der Menschen an seine Geschichte, da sie sich der Macht und der Fähigkeiten Gottes wohl bewusst waren, und einige glaubten ihm nicht und verspotteten ihn, darunter einer der größten Feinde des Islam, Abu Jahl.

Die Muslime wandern in die Stadt Medina ein

L ater waren die Bewohner von Yathrib, die im Jahr zuvor mit dem Propheten Muhammad gesprochen hatten, zum Islam übergetreten und kehrten zum Propheten Muhammad zurück, versprachen, ihn zu unterstützen, und luden ihn in ihre Stadt ein, was der Prophet Muhammad auch annahm. Der Prophet Muhammad, Friede sei mit ihm, hatte Familie in der Stadt Yathrib und war mit seiner Mutter dorthin gereist, als er jünger war, kurz bevor sie verstarb. Da die Muslime nun einen Ort hatten, an dem sie ohne Verfolgung leben konnten, wanderten viele Muslime nach Yathrib aus, das später Medina genannt wurde. Etwa einhundert Familien wanderten heimlich von Mekka nach Medina aus. Viele der muslimischen Einwanderer, die zuvor nach Abessinien gereist waren, zogen ebenfalls nach Medina. Der Prophet, sein Cousin Ali und sein Freund Abu Bakr blieben vorerst in Mekka. Der Prophet wartete auf Anweisungen von Gott, bevor er auswanderte.

Die Götzenanbeter von Mekka fürchteten das Wachstum und die Macht der Muslime. Sie sahen in ihnen eine Bedrohung für ihre Religion und dachten über Möglichkeiten nach, den Propheten Muhammad, Friede sei mit ihm, zu töten, obwohl dies gegen ihre Gesetze verstoßen würde, da es unerhört war, jemanden ihres eigenen Blutes zu töten - besonders in dem heiligen Land von Mekka. Jeder Stamm schickte einen seiner jungen Männer zum Haus des Propheten, um ihn zu töten. Dann wurde der Engel Gabriel zum Propheten Muhammad herabgesandt, um ihm mitzuteilen, was die Götzenanbeter von Mekka vorhatten. Engel Gabriel teilte dem Propheten Muhammad auch mit, dass er die Erlaubnis Allahs hat, Mekka zu verlassen. Die Feinde des Propheten umzingelten sein Haus, aber Allah bedeckte ihre Augen und blendete sie, so dass Prophet Muhammad entkommen konnte, während er Verse aus dem Kapitel Yaseen aus dem Heiligen Koran rezitierte. Der Prophet

Muhammad und sein Gefährte Abu Bakr flohen in eine Höhle namens Thor, wo sie drei Tage verbrachten.

Die Götzenanbeter beauftragten jemanden, die Spuren des Propheten Muhammad zu verfolgen, um herauszufinden, wohin er ging. Er führte sie zu der Höhle, in der sie sich befanden. Daraufhin schickten die Götzendiener ihre Truppen in die Höhle, und Abu Jahl war bei ihnen. Der Gefährte des Propheten, Abu Bakr, flüsterte dem Propheten Muhammad zu, dass sie nur nach unten zu schauen bräuchten, dann würden sie sie sehen. Daraufhin antwortete der Prophet Muhammad: "*O Abu Bakr, was denkst du von zwei Menschen, von denen Allah der dritte ist?* ' Die Götzenanbeter von Mekka konnten Prophet Muhammad und seinen Gefährten nicht finden, also zogen sie ab und boten jedem, der Prophet Muhammad und seinen Gefährten findet, hundert Kamele als Blutgeld an - wenn er sie tot oder lebendig bringt. Doch Prophet Muhammad und sein Gefährte Abu Bakr flohen nach Medina.

Nach seiner Ankunft in Medina bestand die erste Aufgabe des Propheten Muhammad darin, an der Stelle, an der sein Kamel niedergekniet war, eine Moschee namens Masjid Quba zu bauen. Das Land gehörte zwei Waisenkindern, und Prophet Muhammad kaufte es ihnen ab. Der Prophet Muhammad half seinen Gefährten beim Bau dieser Moschee, indem er Ziegel und Steine trug und dabei Verse aus dem Heiligen Koran rezitierte. Mit der Führung Gottes und des Korans lehrte und predigte der Prophet Muhammad, Friede sei mit ihm, seinen Gefährten in Medina die islamische Lebensweise. Er war ihr Führer, Lehrer, Richter, Tröster, Schlichter, Berater und eine Vaterfigur für die neue Gemeinschaft in Medina.

Die Auswanderung der Muslime nach Medina ist im Arabischen als "*Hidschra*" bekannt und wurde später als Beginn des muslimischen Kalenders angenommen. Diejenigen, die von Mekka nach Medina auswanderten, trugen den Titel *Muhajireen (die Auswanderer).* Die Muslime, die in Medina lebten und die Auswanderer willkommen hießen und unterstützten, erhielten den Titel *"Die Ansar" (die Helfer). Der* Prophet Muhammad, Friede sei mit ihm, schloss einen

Pakt der gegenseitigen religiösen Solidarität zwischen beiden muslimischen Gruppen.

Zwei arabische Stämme, die in Medina herrschten, *die Aws* und *die Khazraj,* die sich seit vielen Jahren ständig bekämpften und von denen viele Ältere gestorben waren, schlossen bald Frieden, als der Prophet Muhammad ihre Stadt betrat. Der Prophet Muhammad begann, Verträge mit anderen Stämmen in ihrer Umgebung zu schließen. Der Prophet Muhammad schloss einen Pakt zwischen allen Stämmen Medinas, einschließlich der jüdischen Stämme und der götzenanbetenden Stämme, die in der Gegend lebten, dass sie sich alle gegenseitig bei der Verteidigung der Stadt gegen einen Angriff unterstützen würden. Zum ersten Mal hatten die Muslime ihren eigenen Staat.

Etwa anderthalb Jahre nach der Auswanderung der Muslime nach Medina wurde die Qibla (die Gebetsrichtung der Muslime) geändert, nachdem der Prophet Muhammad, Friede sei mit ihm, ein Dua (Bittgebet) an Allah, den Erhabenen, gerichtet hatte, um die Richtung von der Masjid Al-Aqsa zur Kaaba zu ändern.

Die Schlacht von Badr - unterstützt von Engeln

Im zweiten Jahr der Auswanderung der Muslime nach Medina begannen die Götzenanbeter von Mekka eine Reihe von feindlichen Handlungen gegen die in Medina lebenden Muslime. Sie schickten Männer aus, um die Obstbäume der Muslime zu zerstören und ihre Herden wegzutragen. Bald darauf erteilte Gott dem Propheten Muhammad und den Muslimen die Erlaubnis, sich zu wehren, um sich und ihre Familien zu schützen, weil ihnen von den unterdrückerischen Götzenanbetern, die sie aus ihren Häusern in Mekka vertrieben und ihnen ihre Grundfreiheiten und -rechte verweigert hatten, Unrecht angetan worden war. Der Prophet Muhammad und die Muslime bereiteten ihren Militärstaat vor.

Eine Truppe von etwa 1.300 Männern der Götzenanbeter von Mekka marschierte unter ihrem Anführer Abu Jahl, dem großen Feind des Islam, in Richtung Medina und der Muslime, um sie anzugreifen. Der Prophet Muhammad, Friede sei mit ihm, hatte Späher ausgesandt und erfahren, dass ihre Feinde auf dem Weg waren, sie zu töten.

Etwa 313 Muslime versammelten sich in der Ebene von Badr, die in der Nähe des Meeres zwischen Mekka und Medina liegt, mit nur siebzig Kamelen und drei Pferden. Sie ließen ihre Männer abwechselnd reiten, da sie nicht genügend Kamele hatten. Diese Schlacht ist als die Schlacht von Badr bekannt, weil sie im Tal von Badr stattfand. Die beiden Armeen trafen im Monat Ramadan aufeinander. Der Prophet Muhammad, Friede sei mit ihm, verbrachte die ganze Nacht im Gebet und flehte zu Gott, dem Barmherzigen, dass seine kleine muslimische Armee nicht vernichtet werden möge. Als die beiden Armeen im Tal von Badr aufeinander trafen, unterstützte Allah, der Herrliche, die Muslime mit 1.000 Engeln, die herabkamen, um an ihrer Seite zu kämpfen. Mit Hilfe der Engel, die Gott herabgesandt hatte, konnten die Muslime die Götzenanbeter besiegen.

Die Schlacht endete damit, dass die Götzenanbeter von Mekka unter großen Verlusten nach Mekka zurückflüchteten. Mehrere ihrer Häuptlinge und Anführer wurden getötet, darunter Abu Jahl. Siebzig der Götzenanbeter von Mekka wurden getötet, während nur 15 Muslime als Märtyrer starben. Die Götzenanbeter hatten auch 70 ihrer Leute als Kriegsgefangene genommen, die in den Händen der Muslime blieben. Sie wurden mit großer Menschlichkeit behandelt, denn der Prophet Muhammad hatte den strikten Befehl, die Kriegsgefangenen mit Güte zu behandeln, auch wenn sie versuchten, sie zu töten. Zu dieser Zeit war es nicht üblich, Kriegsgefangene auf diese Weise zu behandeln. Die Muslime ließen die Kriegsgefangenen auf ihren Tieren reiten, während sie zu Fuß gingen. Die Muslime teilten auch ihr Essen mit den Kriegsgefangenen, obwohl sie nur wenig davon hatten.

Die Aufteilung der Kriegsbeute führte zu Unstimmigkeiten unter den Muslimen. Der Prophet Muhammad teilte sie gleichmäßig unter seinem Volk auf. Später erging eine Koranoffenbarung, in der festgelegt wurde, wie die Kriegsbeute in Zukunft aufgeteilt werden sollte. Der Islam gewann neue Konvertiten in Medina und wuchs.

Nach der Schlacht von Badr bildete sich eine Gruppe von Heuchlern. In Mekka gab es keinen Grund, ein Heuchler zu werden, der vorgab, Muslim zu sein, denn der Islam befand sich in der Anfangsphase und war schwach und unterdrückt. Nur ein aufrichtiger und echter Mensch würde zum Islam konvertieren. Später jedoch, als die Muslime nach Medina zogen und der Islam an Zahl und Macht zunahm, blieb jemand, der sich nicht zum Muslim erklärte, am Rande der Gesellschaft und wurde zu einem der wenigen. Eine Gruppe, die in ihrem Herzen immer noch an den Götzendienst glaubte und sich nicht um die Botschaft des Islam kümmerte, hatte daher das Gefühl, dass sie keine andere Wahl hatte, als so zu tun, als seien sie Muslime, obwohl sie es in ihrem Herzen nicht waren. Einige gaben vor, Muslime zu werden, um politische und wirtschaftliche Vorteile zu erlangen. Die Heuchler hatten einen Hass auf den Propheten Muhammad und den Islam, weil sie die Führer der Stadt Yathrib waren und die Führung aufgeben mussten, als der Prophet Muhammad und der Islam in ihrer Stadt auftauchten.

Die Schlacht von Uhud - Die muslimischen Bogenschützen verlassen ihren Posten

Tach der Schlacht von Badr trauerten die Götzenanbeter von Mekka über ihren Verlust und wollten sich an den Muslimen rächen. Später kam es zu einer weiteren Schlacht zwischen den Götzenanbetern von Mekka und den Muslimen, der so genannten Schlacht von Uhud, einem Hügel etwa 4 Meilen nördlich der Stadt Medina. Die Götzenanbeter trafen diesmal bessere Vorbereitungen, um die Muslime anzugreifen und zu besiegen. Die Götzenanbeter versammelten eine Armee von 3.000 Männern, 200 Pferden und sogar zwei Dutzend ihrer Frauen unter ihrem derzeitigen Anführer Abu Sufyan. Die Muslime waren mit etwa 1.000 Männern und nur einem Pferd zahlenmäßig unterlegen. Später wurden die Muslime von 300 der Heuchler unter den Muslimen im Stich gelassen, so dass die Zahl der Muslime auf 700 Männer anstelle von 1.000 zurückging.

Der Prophet Muhammad schlug vor, dass die Muslime in der Stadt bleiben sollten, um die Götzenanbeter von dort zu empfangen, da sie zahlenmäßig unterlegen waren, aber einige seiner Gefährten rieten ihnen, gegen die Götzenanbeter loszuziehen.

Der Prophet Muhammad und die Muslime verrichteten am Morgen ihre Gebete und zogen dann in die Ebene, um sich auf die Schlacht vorzubereiten. Als sie den Ort der Schlacht erreichten, stellte Prophet Muhammad einige seiner Männer so auf, dass sie mit dem Rücken zum Hügel standen. Prophet Muhammad stellte dann fünfzig muslimische Bogenschützen auf dem Hügel hinter den muslimischen Truppen auf, um zu verhindern, dass die Götzenanbeter die Muslime umzingelten, und um ihnen eine gute Sicht aus der Ferne zu ermöglichen. Der Prophet Muhammad,

Friede sei mit ihm, befahl den muslimischen Bogenschützen auf der Spitze des Hügels, ihren Posten nicht zu verlassen, egal was passiert, selbst wenn sie die Götzenanbeter fliehen sehen, und er war sehr streng und klar in dieser Hinsicht.

Später gewannen die Muslime die Schlacht, und es sah so aus, als hätten die Muslime die Götzenanbeter besiegt. Die muslimischen Bogenschützen auf der Spitze des Hügels sahen, dass die Götzenanbeter vom Schlachtfeld flohen und einige ihrer Sachen zurückgelassen hatten. Die muslimischen Bogenschützen auf der Spitze des Hügels begannen untereinander zu streiten, ob sie hinuntergehen und das holen sollten, was die Götzenanbeter zurückgelassen hatten. Der Anführer der muslimischen Bogenschützen, den der Prophet Muhammad ernannt hatte, fragte sie: *"Habt ihr vergessen, was der Prophet Muhammad uns gesagt hat?*

Fünfzig muslimische Bogenschützen, die angewiesen worden waren, ihren Posten nicht zu verlassen, verließen ihre Position, mit Ausnahme von zehn von ihnen. Dies ermöglichte es den Götzenanbetern von Mekka, umzukehren, den Hügel zu erklimmen, die Muslime anzugreifen, sie zu umzingeln und von hinten zu überraschen und eine völlige Unordnung zu schaffen, die dazu führte, dass die Muslime verloren.

Der Prophet Muhammad, Friede sei mit ihm, rief seine Gefährten zurück, aber nur zwölf Männer blieben beim Propheten. Der Prophet Muhammad, Friede sei mit ihm, wurde mit Steinen beworfen, von zwei Pfeilen im Gesicht verwundet und fiel bewusstlos zu Boden. Etwa siebzig oder fünfundsiebzig Muslime wurden in dieser Schlacht getötet, darunter auch der Onkel des Propheten, Hamza, Friede sei mit ihnen allen. Von den Götzenanbetern starben zweiundzwanzig Männer.

Der Verrat an den jüdischen Stämmen von Medina

ach der Niederlage der Muslime in der Schlacht von Uhud wurden die Muslime von den jüdischen und arabischen Stämmen in Medina unterschiedlich behandelt. Der jüdische Stamm der Banu Qaynuqa verstärkte seine Feindseligkeit gegenüber den Muslimen. Sie sagten dem Propheten Muhammad, Friede sei mit ihm, als er kam, um sie an ihren Vertrag zu erinnern, dass sie sich nicht über ihren Sieg in der Schlacht von Badr gegen die Götzenanbeter von Quraisch täuschen sollten, da sie wenig von der Kriegskunst verstanden hätten. Sie fügten hinzu, wenn die Muslime gegen sie gekämpft hätten, würden sie sehen, wie der Krieg wirklich sei und wie stark sie als Feinde seien. Sie brachen auch den Vertrag mit den Muslimen, indem sie einen Muslim auf dem Marktplatz töteten. So beendete der Prophet Muhammad, Friede sei mit ihm, den Vertrag mit ihnen und vertrieb sie aus der Stadt, indem er ihnen drei Tage Zeit gab, ihre Sachen zu packen und zu gehen.

Ein anderer jüdischer Stamm in Medina, die Bani Nadhir, brachen ebenfalls ihren Vertrag mit den Muslimen, indem sie versuchten, den Propheten Muhammad, Friede sei mit ihm, zu töten, indem sie ihn baten, sich an einen bestimmten Ort zu setzen, wo sie versuchten, ein großes Stück einer Festungsmauer fallen zu lassen. Aber Engel Gabriel erklärte dem Propheten Muhammad, was sie vorhatten, und er stand auf. Prophet Muhammad hatte keine andere Wahl, als auch diesen jüdischen Stamm wegen ihrer bösen Taten und ihres Verrats aus Medina zu vertreiben. Prophet Muhammad forderte sie auf, all ihr Hab und Gut zu packen und die Stadt zu verlassen, was sie auch taten und in eine benachbarte Stadt namens Khaybar zogen.

Die Schlacht im Schützengraben

Der jüdische Stamm der Bani Nadhir, der wegen seiner Taten gegen die Muslime aus seiner Heimat vertrieben worden war, wollte das verlorene Land zurückerobern und die Muslime ausrotten. Sie begannen, Allianzen mit anderen Stämmen zu rekrutieren und auszuhandeln, darunter auch mit den Götzenanbetern von Mekka. Sie verhandelten auch mit den Heuchlern der Muslime, um ihnen bei ihren Angriffen auf die Muslime zu helfen. Die Feinde des Islam gingen auch zum größten Beduinenstamm in der Gegend und bestachen sie mit der Hälfte ihrer Erzeugnisse in Khaybar für ein Jahr als Bezahlung, wenn sie sich ihnen im Kampf anschließen würden, was sie akzeptierten.

Im fünften Jahr der Auswanderung der Muslime nach Medina brach Abu Sufyan, der Anführer der Ungläubigen, mit 10.000 Männern aus verschiedenen Stämmen auf. Dies war die größte Armee, die es zu dieser Zeit auf der arabischen Halbinsel gab. Die Muslime hatten nur etwa 2.500 bis 3.000 Mann, waren also wieder einmal zahlenmäßig weit unterlegen.

Diese Schlacht wurde die *Schlacht von Al-Ahzab* genannt, was übersetzt *"Schlacht der Verbündeten" oder "Gruppen" bedeutet*, weil sich verschiedene Gruppen von Feinden des Islam zusammenschlossen, um die Muslime anzugreifen. Diese Schlacht ist auch bekannt als die Schlacht im Graben.

Die Muslime brauchten einen Plan, um sich gegen die Feinde des Islam zu verteidigen. Einer der Gefährten, Salman der Perser, Friede sei mit ihm, schlug vor, einen tiefen Graben um die Stadt zu ziehen, um es den Feinden zu erschweren, sie schnell zu durchqueren. Sie brauchten nicht die ganze Stadt zu durchgraben, denn ein Teil der Stadt Medina war mit vulkanischen Felsformationen, Bergen, dicht aneinander gedrängten Häusern und großen Dattelpalmenplantagen bedeckt, so dass es für große Armeen unmöglich war, hindurchzukommen. Das Graben eines Grabens war eine Technik, die von den Persern angewandt wurde und die den Arabern unbekannt war.

Alle Muslime, einschließlich des Propheten Muhammad und der Kinder, arbeiteten zusammen, um die Gräben auszuheben, wobei jeder nur eine Schaufel benutzte. Der Graben war etwa dreizehn Fuß breit und zwei Kilometer lang und brauchte etwa 1-2 Wochen, um ihn auszuheben. Nachdem der Graben ausgehoben war, warteten sie auf die Ankunft der Feinde. Als sie ankamen, sahen die Feinde des Islam den Graben und waren überrascht. Die Feinde des Islams erkannten, dass sie mit ihren Tieren nicht über den Graben springen konnten, weil er so breit war, und dass sie auch nicht in der Lage sein würden, mit ihren Tieren den Graben hinunterzuklettern. Sie mussten den Graben einzeln hinuntersteigen und sich dabei der Gefahr aussetzen, beim Hinunterklettern von den Muslimen getroffen zu werden.

Die Feinde des Islams lagerten außerhalb der Schützengräben in ihren Zelten, um ihren nächsten Schritt zu besprechen. Dann beschlossen die Feinde, jemanden zu dem jüdischen Stamm zu schicken, der in Medina lebte, und ihn zu bitten, sich ihnen anzuschließen und ihnen zu helfen, die Muslime von innen anzugreifen. Der jüdische Stamm, der innerhalb Medinas lebte, lehnte zunächst ab, weil er einen Vertrag mit den Muslimen hatte. Doch nachdem sie in Versuchung geführt worden waren, stimmten sie zu, sich den Feinden anzuschließen und die Muslime von innen anzugreifen, während die anderen die Muslime von außen angriffen.

Als die Muslime hörten, dass der jüdische Stamm im Inneren der Stadt die Muslime verraten hatte, gerieten sie in Panik und bekamen Angst, da sie von innen und außen angegriffen werden sollten. Der Prophet Muhammad, Friede sei mit ihm, schickte alle Frauen und Kinder in das Haus eines der Gefährten, der blind war.

Dann schickte Gott, der Allmächtige, starke Winde und einen Sandsturm herab, wie er die Stadt Medina noch nie zuvor getroffen hatte. Die Töpfe der Feinde mit den Lebensmitteln wurden weggeweht und verschüttet, und es wurde sehr schwer, etwas zu sehen. Die Feinde hatten keine andere Wahl, als zu fliehen, was sie auch taten, und sie wurden ohne Krieg besiegt. Anschließend vernichteten die Muslime den jüdischen Stamm der Banu Qurayza, der die Muslime verraten hatte und in der Stadt Medina lebte.

Der Vertrag von Hudaybiyyah

Der Prophet Muhammad hatte einen Traum, in dem er sah, wie er unbehelligt nach Mekka kam, den Tawaf (Umkreisen der Kaaba) im Ihram vollzog und sein Haar rasierte. Er deutete diesen Traum dahingehend, dass er die Umrah (die kleinere Pilgerreise) machen würde. So zogen der Prophet Muhammad und 1.400 seiner Gefährten los, um die Umrah in Mekka zu vollziehen.

Als der Prophet Muhammad und seine Gefährten auf dem Weg zur Umrah waren, wurden sie gewarnt, dass die Götzenanbeter von Quraisch geschworen hatten, den Propheten Muhammad und die Muslime daran zu hindern, Makkah zu betreten. Der Prophet Muhammad beschloss, einen Umweg zu machen und eine andere Route zu nehmen, um die Truppen von Khalid bin Waleed zu umgehen. Dann ließ Gott, der Allmächtige, das Kamel des Propheten in einer Ebene namens Hudaybiyyah lagern.

Der Prophet Muhammad sandte einen Abgesandten zu den Götzenanbetern von Mekka, um ihnen mitzuteilen, dass sie in friedlicher Mission zur Umrah hier seien. Die Götzenanbeter von Mekka schickten ebenfalls Abgesandte zu den Muslimen. Dann schickte der Prophet Muhammad Uthman Bin Affan, weil er mit den Führern der Quraisch in Mekka verwandt war. Uthman Bin Affan verhandelte mit Abu Sufiyan und anderen Anführern der Götzenanbeter von Mekka. Das Treffen dauerte länger als erwartet. Dann begannen sich Gerüchte zu verbreiten, dass Uthman Bin Affan getötet worden sei. Der Prophet Muhammad, der unter einem Baum saß, und die Muslime schworen, dass sie nach Mekka gehen würden, um Rache zu üben, und dass sie nicht fliehen würden, was auch immer geschehen würde. Kurze Zeit später erfuhren sie, dass Uthman Bin Affan nicht getötet worden war.

Bald darauf erklärte der Prophet Muhammad den Götzenanbetern von Quraisch, dass sie nur gekommen waren, um eine Pilgerfahrt zu unternehmen, und keine Absicht hatten, zu kämpfen. Nachdem sie hin und her verhandelt hatten, wurde der Waffenstillstand von Hudaybiyyah von beiden Gruppen unterzeichnet. Der Vertrag zwischen den Muslimen und den Götzenanbetern von Quraisch in Mekka besagte, dass es zehn Jahre lang keine Kämpfe zwischen den beiden Parteien geben würde. Und wenn ein anderer Stamm in Arabien den Muslimen oder den Götzenanbetern von Quraisch die Treue halten will, kann er dies tun. Keine Seite darf die andere Seite angreifen, auch nicht die Stämme, die sich dem Vertrag anschließen. In dem Vertrag wurde auch festgelegt, dass der Prophet Muhammad und die Muslime nach Medina zurückkehren sollten, ohne die Umrah zu vollziehen, und dass sie im folgenden Jahr die Umrah-Pilgerfahrt vollziehen und drei Tage lang bleiben könnten. Der Vertrag besagte auch, dass jeder, der Mekka verlässt, um nach Medina zu gehen, nach Mekka zurückgeschickt wird, selbst wenn er zum Islam konvertiert. Wenn aber ein Muslim Medina verlässt, um nach Mekka zu gehen, braucht er nicht zurückgeschickt zu werden.

Den Gefährten gefielen die Bedingungen des Vertrages nicht, da er ihnen ungünstig erschien, und sie waren enttäuscht. Doch der Prophet akzeptierte, ehrte und hielt sich an den Vertrag. Einige der Gefährten wandten sich an den Propheten Muhammad, Friede sei mit ihm. Sie fragten den Propheten: *"Wo ist der Sieg, der uns versprochen wurde?"*, und er wurde gefragt: *"Hast du nicht gesagt, dass wir die Pilgerfahrt machen werden?"*, worauf Prophet Muhammad, Friede sei mit ihm, antwortete: *"Ja, aber ich habe nie gesagt, dass es dieses Jahr sein würde. '*

Während der Rückreise von Hudaybiyyah offenbarte Gott, der Allmächtige, im Heiligen Koran ein Kapitel mit dem Titel *"Al-Fath (Der Sieg)"*. Gott offenbarte, dass dieser Waffenstillstand tatsächlich ein großer Sieg für die Muslime war. Mit diesem neuen Vertrag konnte die Religion des Islam auf der arabischen Halbinsel aufblühen und sich rasch ausbreiten. Die Muslime zogen von 1.400 Männern in dieser Versammlung auf 10.000 Männer zwei Jahre später, um Mekka zu befreien. In den zwei Jahren nach der Unterzeichnung dieses Vertrages geschah viel Gutes. Die Muslime waren in der Lage, andere Bedrohungen zu beseitigen, darunter den

Stamm von Khaybar. Die Muslime kämpften auch gegen die Römer, die mächtige Supermacht der Welt zu jener Zeit. Der Prophet Muhammad, Friede sei mit ihm, sandte auch Briefe an die Könige jenseits von Arabien, in denen er sie zum Islam aufrief, darunter den König von Persien, den Negus von Abessinien, den Kaiser von Byzanz, den Gouverneur von Ägypten und andere - und forderte sie auf, sich dem Islam zu unterwerfen.

Die Eroberung von Mekka

O n den nächsten ein oder zwei Jahren schlossen sich verschiedene umliegende Stämme entweder der muslimischen Seite oder der Seite der Götzenanbeter von Mekka an. Einer der Stämme, der sich der Seite der Götzenanbeter anschloss, war der Stamm Bakr, und einer der Stämme, der sich der muslimischen Seite anschloss, war der Stamm der Banu Khuzaʿah. Diese beiden Stämme mochten sich nicht und hatten eine Geschichte von Kämpfen miteinander.

Der Stamm Bakr von der Seite der Götzenanbeter bat die mekkanischen Götzenanbeter um Erlaubnis, den Stamm Chuzaʿah angreifen und dessen Besitz beschlagnahmen zu dürfen, obwohl dies gegen den Vertrag verstoßen würde. Die Götzenanbeter von Mekka erlaubten es und stellten ihnen sogar einige Waffen zur Verfügung, um sich einen Anteil an den Gewinnen zu verdienen, die sie beschlagnahmen wollten. Die Götzenanbeter von Mekka rieten dem Stamm Bakr, den Stamm Chuzaʿah mitten in der Nacht anzugreifen, damit niemand sie sehen kann und die Muslime es nicht herausfinden würden.

Nach dem Angriff erreichte die Nachricht den Propheten Muhammad und die Muslime. Die Götzenanbeter wurden nervös und beschlossen, ihren Anführer Abu Sufyan zu schicken, um mit dem Propheten Muhammad, Friede sei mit ihm, zu sprechen und um eine Erneuerung des bestehenden Vertrags zu bitten. Der Prophet Muhammad, Friede sei mit ihm, versicherte ihm jedoch nicht, dass der Vertrag noch gültig sei, weil sie ihn gebrochen hatten.

Nach diesem Ereignis stellten der Prophet Muhammad, Friede sei mit ihm, und die Muslime eine große Armee von 10.000 Mann auf, um die Götzenanbeter in Mekka für ihre Taten zu überraschen. Als die Muslime Mekka erreichten, waren die Bewohner von Mekka überwältigt und nicht in der Lage, die Muslime zu bekämpfen. Der Prophet Muhammad, Friede sei mit ihm, kämpfte nicht gegen sie und bot jedem, der nicht kämpfte, Schutz und Sicherheit an. Er verkündete den Menschen in Mekka, dass jeder, der sich in der Kaaba, in ihren Häusern oder im Haus von Abu Sufiyan - ihrem Anführer, der schließlich zum Islam konvertierte - aufhielt, sicher sein würde.

Der Prophet Muhammad, Friede sei mit ihm, betrat Mekka mit in Demut gesenktem Kopf, wobei sein Kopf den Rücken seines Kamels berührte. Er umrundete auch die Kaaba. Der Prophet Muhammad und die Muslime, Friede sei mit ihnen, eroberten die Stadt Mekka in einer unblutigen Schlacht. Dies war das Ende einer langjährigen Verfolgung.

Der Prophet Muhammad, Friede sei mit ihm, versammelte die Menschen in Mekka und fragte sie: "*Was soll ich euch denn tun, nach all dem Bösen, das ihr getan habt?* Sie baten um Vergebung, und der Prophet Muhammad, Friede sei mit ihm, antwortete mit demselben Satz, den der Prophet Joseph zu seinen Brüdern sagte: '*Keine Schuld und kein Unrecht wird heute auf euch lasten, Allah wird euch vergeben.* Daraufhin ließ der Prophet Muhammad, Friede sei mit ihm, die Menschen in Mekka frei, damit sie ihren eigenen Weg gehen konnten.

Dann befahl er, alle Götzen in der Kaaba zu zerstören, und er beteiligte sich an der Zerstörung aller 360 Götzen. Der Prophet Muhammad, Friede sei mit ihm, zeigte auf ein Götzenbild, und es fiel zu Boden. Die Kaaba wurde von allen Götzenbildern gereinigt. Der Prophet Muhammad befahl Bilal, Friede sei mit ihm, der eine kräftige, wohlklingende Stimme hatte, den Adhan zu rufen - der zum ersten Adhan in der islamischen Geschichte von der Kaaba aus wurde - und die Anbetung des einen, einzig wahren Gottes zu verkünden.

Die Abschieds-Hadsch

Aach der Eroberung von Mekka kehrten der Prophet Muhammad und viele seiner Gefährten nach Medina zurück. Es war das 9. Jahr der Hidschra - bekannt als das *"Jahr der Delegationen"*, da jeder Stamm von der gesamten arabischen Halbinsel eine Gruppe von Vertretern schickte, um den Propheten Muhammad zu begrüßen und ihm ihre Treue zu erklären und ihre Verpflichtung ihm gegenüber zu versichern. Der Prophet Muhammad und seine Gefährten, Friede sei mit ihnen, empfingen die Gruppen von Vertretern in der Moschee des Propheten in Medina. Die Vertreter der einzelnen Stämme hörten, wie der Heilige Koran rezitiert wurde, sahen den Gefährten beim Beten zu und erfuhren vom Propheten Muhammad, Friede sei mit ihm, alles über den Islam.

Viele der Vertreter glaubten sofort an die Botschaft und waren zufrieden, andere wiederum nahmen sie nicht so schnell an wie die anderen. Die Vertreter der Stämme kehrten zu ihren Völkern zurück, riefen sie auf, den Islam anzunehmen, lehrten sie, was sie gelernt hatten, und sagten ihnen, dass sie alle ihre Götzen loswerden müssten. Schließlich hatte die gesamte arabische Halbinsel den Islam angenommen.

Im 10. Jahr der Hijrah offenbarte Allah, der Erhabene, denjenigen, die dazu in der Lage waren, den Hadsch. Der Prophet Muhammad, Friede sei mit ihm, kündigte an, dass er die Hadsch-Pilgerfahrt nach Mekka durchführen würde. Scharen von Menschen - Zehntausende von Menschen aus der ganzen Welt - schlossen sich ihm an, es war die größte Versammlung auf der arabischen Halbinsel zu dieser Zeit.

Während der gesamten Hadsch-Pilgerreise hielt der Prophet Muhammad mehrere Predigten, darunter die berühmte Hauptpredigt - am Tag von Arafat von der Ebene von Arafat (Berg der Barmherzigkeit). Dort erklärte er die Gleichheit und Solidarität zwischen allen Muslimen und erinnerte sie an alle Pflichten, die der Islam ihnen auferlegt hatte. Er verbot das Stehlen, das Töten von Menschen, die Beteiligung an Zinsen und vieles mehr. Er forderte alle auf, gut und gerecht zu ihren Frauen und Männern zu sein. Er übermittelte ihnen die berühmten Worte: "Es *gibt keine Überlegenheit eines Arabers über einen Nicht-Araber, noch eines Nicht-Arabers über einen Araber, noch eines Weißen über einen Schwarzen, noch eines Schwarzen über einen Weißen, außer durch Taqwa (Frömmigkeit, Gottesfurcht und Gottvertrauen)"*.

Er sagte ihnen, dass es zwei Dinge gibt, an die sie sich halten müssen, um nicht in die Irre zu gehen - und das ist das Buch Allahs, der Heilige Koran und die Sunna, die Lehren des letzten und endgültigen Propheten, Muhammad, Friede sei mit ihm. Er erinnerte sie daran, dass sie eines Tages zu ihrem Herrn zurückkehren würden, der sie auf der Grundlage ihrer Taten beurteilen wird. Schließlich fragte er sie: *"Habe ich nicht die Botschaft überbracht?* Die Gefährten antworteten: *"Ja"*, woraufhin der Prophet Muhammad seine Hände in die Luft erhob, in den Himmel schaute und dreimal sagte: *"O Allah, du bezeugst es!*

Der Prophet Muhammad kehrt nach Medina zurück und stirbt

Ser Prophet Muhammad, Friede sei mit ihm, kehrte bald darauf in die Stadt Medina zurück. Der Prophet Muhammad erhielt seine letzte Offenbarung von Gott. Nun, da der Glaube an den Islam in seinem Volk und seiner Gemeinschaft fest verankert war, ging seine Mission zu Ende.

Bald darauf erkrankte der Prophet Muhammad, Friede sei mit ihm, für etwa 10 bis 12 Tage, als sich sein Fieber im Haus seiner Frau Aisha, Friede sei mit ihr, der Mutter der Gläubigen, verschlimmerte. Sein Körper wurde heiß, und Aisha, Friede sei mit ihr, rezitierte über ihm den Koran und kühlte ihn mit einem nassen Handtuch ab.

Dann verstirbt er traurig auf dem Schoß seiner Frau Aisha, Friede sei mit ihr. Seine Gefährten standen unter Schock und waren sehr traurig über diese Tragödie. Er wurde genau an dem Ort begraben, an dem er gestorben war, und seine Gefährten beteten einzeln für ihn.

Heute pilgern Millionen von Muslimen nach Medina, um unseren gesegneten Propheten zu grüßen. Im Heiligen Koran erklärt Gott, dass Er den Propheten Muhammad, Friede sei mit ihm, nur als Barmherzigkeit für die Menschheit gesandt hat. Seine Rolle als Führer des Islamischen Staates wurde von Abu Bakr, Friede sei mit ihm, übernommen.

Sie werden ermutigt, die verschiedenen Beiträge und Videos im Blog von The Sincere Seeker auf *https://www.thesincereseeker. com* oder auf dem YouTube-Kanal von The Sincere Seeker zu besuchen. Wir empfehlen Ihnen auch, den Newsletter und den YouTube-Kanal von The Sincere Seeker zu abonnieren, um benachrichtigt zu werden, wenn ein neuer Beitrag oder ein neues Video zur Ansicht verfügbar ist.

Bei Fragen oder Anmerkungen wenden Sie sich bitte an The Sincere Seeker unter *hello@thesincereseeker.com*

www.ingramcontent.com/pod-product-compliance
Lightning Source LLC
Chambersburg PA
CBHW061326120626
46546CB00007B/2688